CATALOGUE

D'UNE RICHE COLLECTION

DE

MÉDAILLES

GRECQUES & ROMAINES EN OR, ARGENT & BRONZE

DONT LA VENTE AUX ENCHÈRES PUBLIQUES AURA LIEU

HOTEL DES COMMISSAIRES-PRISEURS

RUE DROUOT, N° 5

SALLE N° 5 bis

Le Lundi 29 Mars 1858, à une heure précise.

Par le ministère de M⁰ **CHARLES PILLET**, Commissaire-Priseur,
Successeur de M. Bonnefons de Lavialle,
rue de Choiseul, 11,

Assisté de **M. ROLLIN**, Expert, rue Vivienne, 12.

EXPOSITION PUBLIQUE

Le Dimanche 28 Mars 1858, de midi à cinq heures.

LE CATALOGUE SE DISTRIBUE :

Chez M⁰ **CHARLES PILLET**, rue de Choiseul, 11.
— M. **ROLLIN**, rue Vivienne, 12.

PARIS

RENOU & MAULDE

IMPRIMEURS DE LA COMPAGNIE DES COMMISSAIRES-PRISEURS,
rue de Rivoli, 144.

1858

CATALOGUE

D'UNE RICHE COLLECTION

DE

MÉDAILLES

GRECQUES & ROMAINES EN OR, ARGENT & BRONZE

DONT LA VENTE AUX ENCHÈRES PUBLIQUES AURA LIEU

HOTEL DES COMMISSAIRES-PRISEURS

RUE DROUOT, N° 5

SALLE N° 5 bis

Le Lundi 29 Mars 1858, à une heure précise.

Par le ministère de M° **CHARLES PILLET,** Commissaire-Priseur,
Successeur de M. BONNEFONS DE LAVIALLE,
rue de Choiseul, 11,

Assisté de **M. ROLLIN,** Expert, rue Vivienne, 12.

EXPOSITION PUBLIQUE

Le Dimanche 28 Mars 1858, de midi à cinq heures.

LE CATALOGUE SE DISTRIBUE :

Chez M° **CHARLES PILLET,** rue de Choiseul, 11.
— **M. ROLLIN,** rue Vivienne, 12.

PARIS

RENOU & MAULDE

IMPRIMEURS DE LA COMPAGNIE DES COMMISSAIRES-PRISEURS,
rue de Rivoli, 144.

1858

CONDITIONS DE LA VENTE.

Elle sera faite au comptant.

Les acquéreurs payeront CINQ pour cent ensus des adjudications, applicables aux frais.

CATALOGUE

D'UNE RICHE COLLECTION

DE MÉDAILLES

Grecques & Romaines, en or, argent & bronze.

MÉDAILLES GRECQUES.

1. **Bétique, Patricia.** Tête nue d'Auguste. ℞. COLONIA PA-
TRICIA. Au milieu d'une couronne civique. Æ.

2. **Tarragonnaise, Bilbilis.** Tête laurée d'Auguste. MV.
AVGVSTA. BILBILIS L. COR. CALDO, etc.; et, da·s une couronne
civique, IIVIR. Æ.

3. — **Calagurris.** MV. CAL. AVGVSTVS. Tête d'Auguste laurée
à droite. ℞. L PRISCO. C. BROCCHO. IIVIR. Tête de bœuf vue
de face. Æ.

4. — **Celsa.** Tête laurée d'Auguste. C. V. I. CEL. MV. FESTO. L.
BACCIO IIVIR. Bœuf debout. Æ.

5. — **Sagonte.** Tête de Tibère nue à dr. ℞. SAG. Vaisseau;
autour, L. SEM. GEMINO. L. VAL. SVRA. IIVIR. Æ.

6. **Gaule Narbonnaise, Nismes.** Tête d'Agrippa et Auguste.
℞. Crocodile enchaîné à un palmier. MB. Belle patine verte.

7. **Gaule Lyonnaise, Vienne.** Têtes nues et adossées de
Jules-César et Auguste. ℞. C. I. V. Proue de vaisseau. GB.

8. **Campanie, Naples.** Tête d'Apollon laurée. ℞. NEOΠO-
ΛITΩN. Trépied, patine verte magnifique. Æ.

9. — — Tête d'Apollon lauré. ℞. NEOΠOΛITΩN. Lyre et
cortine; au bas, arc et carquois. Æ. 2 ps.

10. — **Suisse**. Tête de Pallas à g. ℞. SVESSANO. Coq; derrière, un astre. Æ.

11. — Tête de Mars. ℞. ROMA. Buste de cheval; derrière, Strigile. Tête de Minerve casquée. ℞. ROMA. Chien courant. Æ. 2 ps. d'une magnifique patine.

12. **Calabre Tarente**. Tête de femme diadémée, avec pendants d'oreilles. ℞. TA. Cavalier, sous le cheval un dauphin AR.

13. **Lucanie Metaponte**. Tête de Bacchus, couronnée de lierre. ℞. META. Épi.

14. **Bruttium**. Tête de Junon, diadémée et voilée. ℞. BPET-TIΩN. Neptune debout, le pied droit sur un chapiteau de colonne. Dans le champ, un aigle tenant un foudre dans ses serres. Très-belle. AR.

15. — Tête barbue, casque orné d'un griffon. ℞. BPETTIΩN. Victoire couronnant un trophée. Æ.

16. — Tête d'Hercule jeune, coiffée de la peau du lion. ℞. BPETTIΩN. Pallas marchant, armée d'une lance et d'un bouclier. Æ.

17. — Caulonia. KAYΛ. Figure virile nue, tenant sur son bras gauche une petite figure; au bas, un cerf. ℞. Même type en creux. Tétradrachme. AR.

18. **Crotone**. QPOTON. Trépied en relief. ℞. Oiseau en creux. AR.

19. — — Aigle volant, tenant dans ses serres une branche de laurier. ℞. KPOTONIATAN. Trépied dans le champ. B. AR.

20. — — Tête de Junon Lacinia de face. ℞. KPOTΩN... Hercule bibax assis sur la dépouille du lion. AR. Rare et très-belle.

21. **Sicile Centuripæ**. Tête laurée de Jupiter. ℞. KENTO-PIΠINΩN. Foudre. Æ.

22 — Panorme. Tête de Proserpine entourée de trois poissons. ℞. Buste de cheval, derrière palmier, dessous une lettre phénicienne. Tétradrachme. Très-beau. AR.

23. — Selinus. Figure nue tenant une patère au-dessus d'un autel; au pied de l'autel, un coq; dans le champ, un bœuf sur une estrade et la feuille d'ache. ΣΕΛΙΝΟΣ. ℞. ΣΕΛΙNONTION. Apollon et Diane dans un bige. Tétradrachme très-beau et d'une très-grande rareté. AR.

24. — Syracuse. ΞΕΥΣ ΕΛΕΥΘΕ..... ΟΣ. Tête de Jupiter. ℞. ΣΥΡΑΚΟΣΙΩΝ. Foudre et épi. Æ.

25. — — ΣΥΡΑΚΟΣΙΩΝ. Tête de Cérès; derrière, une torche. ℞. Figure conduisant un bige. Æ.

26. — — Tête de Proserpine. ℞. ΣΥΡΑΚΟΣΙΟΝ. Bœuf cornupète. Æ.

27. — Tauromenium. Tête de Bacchus. ℞. TAVPOMENITAN. Bœuf cornupète. Æ.

28. **Roi de Sicile,** Hiéron Ier. Sa tête diadémée. ℞. ΙΕΡΟΝΟΣ. Cavalier en course armé d'une lance; dessous Φ. Æ.

29. — — Pièce semblable sous le cavalier. N. Æ.

30. — Agatocles. ΣΟΤΕΙΡΑ. Tête de Diane. ℞. ΑΓΑΘΟΚΛΕΟ. ΒΑΣΙΛΕΟΣ. Foudre ailé. Æ. 2 ps.

31. — Hieron II. Tête de Neptune. ℞. ΙΕΡΩΝΟΣ. Trident entre deux dauphins. Æ.

32. **Maesie supérieure**. Viminacium, Gordien III. ℞. P. M. S. COL. VIM. AN. IIII. Femme debout entre un lion et un taureau. GB.

33. — — Volusien. ℞. AN XIII. Femme debout entre un lion et un taureau. GB.

34. **Thrace. Maronee**. Tête de Bacchus. ℞. ΔΙΟΝΥΣΟΥ. ΣΩΤΙΙΡΟΣ... ΝΙΤΩΝ. Bacchus debout. Tétradrachme. AR.

35. **Roi de Thrace, Lysimaque**. Tête de Lysimaque avec la corne de bélier. ℞. ΒΑΣΙΛΕΩΣ ΛΥΣΙΜΑΚΟΥ. Pallas Nicéphore assise. — Statère d'un très-beau style. AV.

36. — — Tête du roi, diadémée et cornue. ℞. Sous Pallas assise, arc et carquois. Tétradrachme. Très-beau. AR.

37. **Macédoine**. Tête de Silène de face. ℞. ΜΑΚΕΔΟΝΩΝ, au milieu d'une couronne de lierre. Æ.

38. — Amphipolis. Tête de Méduse de face. ℟. ΑΜΦΙΠΟΛΕΙ-ΤΩΝ. Pallas debout avec lance et bouclier, tenant une Victoire. Æ.

39. — — Macrin. ℟. ΑΜΦΙΠΟΛΕΙΤΩΝ. Femme tourrelée assise. Æ.

40. — Stobi. S. Sévère. ℟ MUNIC. STOBEN. Victoire tenant une couronne et une palme. Æ.

41. — Lete, homme nu arrêtant une femme. ℟. Carré creux. AR. 6 ps.

42. — — Homme nu agenouillé tenant une femme dans ses bras. ℟. Carré creux. AR. 6 ps.

43. — — Même type. AR. 3 ps. — Cette pièce et les deux précédentes sont excessivement belles.

44. **Roi de Macédoine.** Perdiccas III. Tête d'Hercule. ℟. ΠΕΡΔΙΚΚΑ. Lion brisant un fer de lance. Æ.

45. — Philippe II. Tête d'Apollon. R. ΦΙΛΙΠΠΟΥ. Bige. Statère. AV.

46. — Alexandre III. Tête d'Hercule. ℟. Jupiter assis; dans le champ, une lampe. Tétradrachme. AR. Cette pièce est magnifique.

47. — — Tétradrachme, dans le champ ΘΕ. AR.

48. — — Tétradrachme, dans le champ ΔΑ, et un casque. AR.

49. — — Tétradrachme, dans le champ A, sous le siège Φ. AR.

50. — — Tête d'Alexandre, diadémée. ΑΛΕΞΑΝΔΡΟΥ. ℟. ΚΟΙΝΟΝ ΜΑΚΕΔΟΝΩΝ. Alexandre domptant Bucéphale. Æ.

51. — Philippe IV. Tête d'Hercule. ℟. ΒΑ. ΦΙ. Cavalier, la main droite levée. Æ.

52. — Alexandre IV. Tête d'Hercule. ℟. ΒΑΣΙΛΕΩΣ. ΑΛΕΞΑΝΔΡΟΥ. Lion brisant un fer de lance. Æ.

53. **Illyrie, Apollonie.** ΔΑΜΑΡΚΟΣ. Vache allaitant un veau. ℟. ΑΠΟΛ ΣΟΙΛΟΥ. Jardins d'Alcinoüs. AR.

54. — **Corcyre.** Têtes accolées d'un homme et d'une femme. ℟. ΚΟΡΚΥΡΑΙΩ. ΦΙΛΩΤΑΣ. Proue de vaisseau. Æ.

55. **Attique, Athènes**. Tête de Pallas. ℟. ΑΘΕ, deux mono-
grammes. Chouette sur un diota, dessous EP. Tétradrachme.
AR.

56. **Achaïe, Corinthe**. Tête de Lays. ℟. Q. CAECIL. NIGR. C.
HEIO. IM. II. VIR. Bellérophon sur Pégase combattant la Chi-
mère. Æ.

57. — — Verus. ℟. C. L. I. COR. Melicerte sur un dauphin. Très-
jolie pièce. Æ.

58. **Paphlagonie**. Sinope. Tête de la nymphe Sinope. ℟.
ΣΙΝΟ. ΑΣΤΥ. Aigle sur un thon. AR.

59. **Roi de Bithynie**. Prusias II. Tête de Prusias. ℟. ΒΑΣΙ-
ΛΕΩΣ. ΠΡΟΥΣΙΟΥ. Hercule nu debout. Æ.

60. **Mysie Cysique**. Tête de Proserpine. ℟. ΚΥΣΙΚΙΙΝΩΝ.
Trépied. Æ.

61. — Pergame. — Ciste mystique. ℟. Deux serpents enlacés
ΠΕ. ΔΗ. ΠΥ. Cistophore. AR.

62. **Ionie Smyrne**. Julia Domna. ℟. Γ. ΣΜΥΡΝΑΙΩΝ.
ΝΕΟΚΟΡΩΝ. La Fortune dans un temple. MB.

63. **Pisidie**, Antioche, Gordien III. ℟. CAES. ANTIOCH. COL. S.R.
Gordien et Tranquilline se donnant la main ; au milieu, un
autel. GB. Æ.

64. **Chypre**. Julia Domna. ℟ KOINON. ΚΥΠΡΙΩΝ. Simulacre
de Vénus Paphia dans son temple. Grand bronze d'une
beauté rare. Æ.

65. **Roi de Galatie Amyntas**. Tête de Pallas. ℟. ΒΑΣΙ-
ΛΕΩΣ ΑΜΥΝΘΟΥ. Victoire tenant un thyrse. Tétradrachme.
AR.

66. **Roi de Syrie**, Alexandre II. Tête de femme ceinte de
lierre. ℟. ΒΑΣΙΛΕΩΣ ΑΛΕΞΑΝΔΡΟΥ. La Fortune debout.

67. **Syrie, Antioche**. M. Aurèle. ℟. ΔΗΜΑΡΧΙΚ. ΕΞΟΥ. C.
K. Δ. Tête de Jupiter-Ammon. Æ.

68. **Phoenicie**, Biblus Macrin. ℟. ΙΕΡΑΣ. ΒΥΒΛΟΥ. Isis
Pharia debout, tenant une voile enflée par les vents. Æ.

69. — Tripolis. Diadumenien. Vaisseau à la voile ; dessous,
ΘΚΦ. Æ.

70. **Roi de Judée**. Jaddous pontif (Saulcy, monnaies hébraïques, pl. I, n. 3). Sicle. AR. à fl. de coin.

71. **Mesopotamie** Nisibi, Julia Domna. ℞. CEII. KOL. NI-CIBI MHT. Tête voilée et tourrelée de femme; au-dessus, bélier. Æ. Très-belle.

72. **Egypte, Alexandrie**, Antonin. ℞. La Fortune couchée. (Contremarque du musée de Modène). Æ.

73. — — Aurelien. ℞. Vabalathe, avec la date. L. Δ. Æ...

74. **Mauritanie**, Caesarea Julie. Sa tête sans légende. ℞. Inscription phénicienne. Buste de Pallas. Æ. Fl. de coin.

75. — — Pièce semblable. Æ.

76. **Zeugitanie, Carthago, Tibère**. ℞. C. MARSO. PRO-COS, etc. Femme voilée assise dans le champ D. D. P. P.

MEDAILLES ROMAINES.

77. **Semis**. Tête de Jupiter. ℞. ROMA. Proue de vaisseau; au-dessus, marteau. MB.

78. **Uncia**. Tête de Mercure. ℞. ROMA. Proue de vaisseau. PB.

79. — Tête radiée du soleil. ℞. ROMA. Croissant et deux étoiles. PB.

80. **Gallia.** C GALLIVS LVPERCVS. A. AA. F. F. Dans le champ, s. c. ℞. AVGVSTVS TRIBVNIC. POTEST. Dans une couronne. M. B.

81. **Oppia**. Têtes nues en regard de Marc-Antoine et Octavie, avec une tête virile nue accolée à celle de Marc-Antoine. ℞. M. OPPIVS. CAPITO. PRO. PR. PRAEF. CLAS. F. C. Galère à la voile avec des rameurs. GB. (Cohen, pl. LXI, n. 8.)

82. Tête d'enfant couronnée de lierre. ℞. s. c., dans une couronne. PB.

83. **Jules-César** et **Auguste**. Leurs têtes adossées. ℞. Proue de vaisseau, contremarque du musée de Modène. GB.

84. **Jules-César**. DIVOS. IVLIVS. Sa tête. ℞. CAESAR. DIVI. F. Tête d'Auguste. GB.

85. — **Auguste**. ℞. CONSENSV. SENAT. ET. EQ. ORDIN. P. R. R. Auguste assis. MB.

86. — R. PROVIDENT Autel. MB.

87. — ℞. s. c. Aigle. M. B. Très-belle patine.

88. **Agrippa** ℞. s. c. Neptune debout. M. B. 2 ps.

89. ℞. IMP. D. AVG. REST. Restitution de Domitien. MB. 2 ps.

90. — et **Auguste**. Têtes adossées. ℞. COL. NEM. Crocodile. MB. 2 ps.

91. **Livie**, sous les traits de la Justice. MB.

92. — sous les traits de la Piété. MB.

93. — sous les traits de la Santé. MB.

94. — **Tibère**. Sa tête. ℞. ROM. ET. AVG. Autel de Lyon. GB.

95. — Sans sa tête. ℞. DIVO. AVGVSTO. S. P. Q. R. Char traîné par quatre éléphants. GB.

96 — ℞. MODERATIONI. Bouclier avec une tête au centre. MB.

97. — ℞. Pièce semblable. MB.

98. — ℞. Deux cornes d'abondance en sautoir; au milieu, un caducée. MB.

99. — ℞. PONTIF. MAX, etc. Gouvernail sur un globe. MB.

100. — **Julie d'Auguste**. ℞. S. P. Q. R. IVLIAE. AVGVST. Carpentum traîné par deux mules. G. B.

101. — Pièce semblable. GB.

102. **Drusus junior**. Sans tête, mais avec celles de ses enfants posées sur des cornes d'abondance. GB.

103. — ℞. IMP. TRIBVN. POTEST. MB.

104. — ℞. PONTIF. TRIBVN. etc. MB.

105. **Antonia.** ℞. TI. CLAVDIVS. CAES. Claude debout en habits pontificaux. MB.

106. — ℞. Semblable au précédent. MB.

107. **Germanicus**. GERMANICVS. CAESAR. Germanicus dans un quadrige. ℞. SIGNIS. RECEP. DEVICTIS. GERM. L'empereur sur une estrade. MB. 2 ps.

108. — Sa tête. ℞. C. CAESAR. AVG. GERMANICVS, etc. MB. Médaille parfaite.

109. **Agrippina senior**. Sa tête. ℞. TI. CLAVDIVS, etc. GB.

110. — ℞. S. P. Q. R. MENORIAE. AGRIPPINAE. Carpentum traîné par deux mules. GB.

111. **Nero** et **Drusus** à cheval. MB.

112. **Caligula**. Sa tête. ℞. s. p. q. r. ob cives. servatos, dans une couronne de chêne. GB. Très-beau.

113. — Pièce semblable et également belle. GB.

114. — ℞. vesta. Vesta assise. MB. 2 ps.

115. **Claude**. Sa tête. ℞. com. asi. Victoire couronnant l'empereur dans un temple à deux colonnes, sur le fronton duquel on lit rom. et avg. Médaillon d'argent très beau, frappé en Asie.

116. — ℞. spes. avgvsta. L'Espérance marchant. GB.

117. — ℞. libertas. avgvsta. La Liberté debout. MB.

118. **Néron**. ℞. decvrsio. Néron à cheval, et deux soldats debout. GB. Pièce très-belle.

119. — ℞. decvrsio. Deux cavaliers. G. B.

120. — ℞. Temple de Janus. GB.

121. — ℞. annona. avgvsti. ceres. Cérès assise et la Fortune debout. GB.

122. — ℞. Arc de triomphe sur lequel est un quadrige. GB.

123. — ℞. Temple de Janus. D'une très-belle patine. MB.

124 — ℞. mac. avg. s c. Temple. MB.

125 — ℞. tr. pot. p. p. Rome assise. PB. Très-joli.

126 — ℞. Cirque et courses en char. Médaillon contorniate.

127 — ℞. Bacchus traîné par deux panthères. Médaillon contorniate.

128 — ℞. Char du vainqueur aux courses. Médaillon contorniate.

129 — ℞. Une ville à genoux implorant l'empereur. Médaillon contorniate.

130 — ℞. Trois personnages sacrifiant dans un temple. Médaillon contorniate.

132 — ℞. Jupiter, Pallas et la Fortune dans différentes attitudes ; au bas, deux fleuves couchés. Médaillon contorniate.

133 **Galba**. ℞. libert. avg. La Liberté debout. GB.

134 — ℞. libertas. pvblica. La Liberté debout. MB.

135 — ℞. aeqvit. L'Équité debout. MB.

136 **Vitellius**. ℞. Mars nu portant un trophée. GB.

137 — ℞. VICTORIA AVGVSTI. Victoire marchant tenant un bouclier. MB.

· 138 **Vespasien**. ℞. ROMA. Rome debout. GB.

139 — ℞. IVDAEA. CAPTA. L'empereur debout et la Judée assise près d'un palmier. GB.

140 **Domitille**. Sans la tête. ℞. MEMORIAE. DOMITILLAE. Carpentum traîné par deux mules. GB.

141 **Titus**. ℞. FORTVNAE. REDVCI. La Fortune debout. GB.

142 — ℞. VICTORIA. AVGVSTI. Victoire sur une proue. MB.

143 — ℞. FELICITAS. PVBLICA. La Félicité debout. MB.

144 — ℞. PAX AVG. La Paix debout sacrifiant. MB.

145 — **Julia Titi filia**. ℞. Cérès debout. MB.

146 — ℞. VESTA. Vesta assise. MB.

147 — Pièce semblable, mais la tête a une autre coiffure. MB.

, 148 **Domitien**. ℞. L'empereur à cheval terrassant un ennemi. GB.

149 — ℞. ANNONA. AVGVSTI. La Fortune debout et l'Abondance assise. GB.

150 — ℞. . . . CONSERVAT. Jupiter debout. MB.

151 — ℞. ANNONA. AVG. L'Abondance assise. MB.

152 — ℞. L'Espérance marchant. MB.

153 — ℞. Sacrifice dans un temple, quatre personnages, LVD. SAEC. COS. XIII. MB. 2 ps.

154 — ℞. Semblable, trois personnages seulement. MB. 2 ps. Très-belles.

155 — ℞. S. C. Corne d'abondance. PB. Très-beau.

156 **Nerva**. ℞. VEHICVLATIONE. ITALIAE. REMISSA. Deux mules paissant. GB.

157 — ℞. PLEBEI. VRBANO. FRVMENTO. CONSTITVTO. Modius. Ce revers est très-rare. GB.

158 — ℞. FORTVNA. AVGVST. La Fortune debout. MB.

159 **Trajan**. ℞. S. P. Q. R. etc. La Fortune étendant des épis au-dessus de l'empereur ; à l'exergue, ALIM. ITAL. GB.

160 — ℞. S. P. Q. R. etc. Captif assis sur un monceau d'armes, aux pieds d'un trophée. GB.

161 — ℞. s. p. q. r. optimo. etc. Trophée. MB. Très-beau.

162 — ℞. Victoire volant, tenant un bouclier sur lequel on lit : s. p q. r. MB.

163 — ℞. lisse. Médaillon contorniate.

164 — ℞. Figure nue entre deux autres figures vêtues de la toge. Médaillon contorniate.

165 **Matidie**. ℞. consecratio. Aigle. Denier. AR.

166 **Hadrien**. ℞. annona avg. L'Abondance debout entre un modius et une proue de vaisseau. GB.

167 — ℞. reliqva. vetera. novies. mill. abolita. L'empereur brûlant les titres des anciennes dettes. GB.

168 — Pièce semblable. GB.

169 — ℞. liberalitas. avg. L'empereur sur une estrade et trois personnages. GB.

170 ℞. hilaritas. p. r. La Fortune debout; à ses pieds deux petites figures. GB.

171 — ℞. Jupiter Nicéphore assis. GB.

172 — ℞. Pallas debout sacrifiant. GB. Très-belle patine.

173 — ℞. aeternitas. Femme debout, tenant d'une main la tête du soleil, et de l'autre une corne d'abondance. MB. Très-belle patine.

174 — ℞. cos. iii. L'empereur debout appuyé sur une lance. Petit médaillon de bronze.

175 **Sabine**. ℞. pietas. La Piété assise. GB. Très-beau.

176 — ℞. Même revers. GB.

177 — ℞. concordia. avg. La Concorde assise. MB.

178 **Aelius**. ℞. Hygie assise présentant une patère à un serpent. GB.

179 — ℞. L'Espérance marchant. MB.

180 **Antonin-le-Pieux**. ℞. divo pio. Colonne funéraire. MB.

181 — ℞. consecratio. Mausolée. GB.

182 — ℞. italia. L'Italie assise sur un globe. GB.

183 — ℞. pontif. max. etc. La Fortune assise. GB.

184 — ℞. tp. pot. cos. ii. Figure virile demi-nue sacrifiant. MB.

185 — ℞. genio. senatvs. Figure en toge debout. MB.

186 — ℞. La Fortune assise. MB.

187 — ℞. TR. POT. etc. Deux cornes d'abondance en sautoir ; au milieu, un caducée. MB. Très-beau.

188 — ℞. TIBERIS. Le Tibre couché. MB.

189 — ℞. TR. POT. etc. Mars dans les airs ; à terre, Rhéa endormie. MB. Beau.

190 — ℞. MVNIFICENTIA. AVG. Éléphant. MB.

191 **Faustine mère**. ℞. PIETAS. AVG. La Piété debout sacrifiant. GB.

192 — ℞. AETERNITAS. Femme debout tenant un oiseau sur un globe. GB.

193 — ℞. Croissant et sept étoiles. MB.

194 — ℞. PIET. AVG. Autel. MB.

195 **Marc-Aurèle**. ℞. IMP. VI. COS. III. Victoire soutenant un bouclier sur lequel est écrit : VIC. GER. GB.

196 — ℞. VOTA. SVSCEP. DECEN. II. COS. III. L'empereur sacrifiant. GB.

197 — ℞. VICT. GERMAN. IMP. VI. COS. III. dans une couronne. MB.

198 — ℞. IMP. VII. COS. III. Le Tibre couché. MB.

199 **Faustine jeune**. ℞. JVNONI. REGINAE. Junon debout. GB.

200 — Même revers. GB.

201 — ℞. . . . FELICIT. Lectisternium. GB.

202 — ℞. SALVTI. AVGVSTAE. Femme assise sacrifiant. MB.

203 — ℞. VENERI. VICTRICI. Mars et Vénus debout. MB.

204 **Verus**. ℞. TR. POT. VI. IMP. IIII. COS. II. Victoire soutenant un bouclier sur lequel on lit : VIC. PAR. GB.

205 — ℞. PROFECTIO. TR. P. III. COS. II. L'empereur à cheval. MB.

206 **Lucille.** ℞. PIETAS. Femme sacrifiant devant un autel. GB.

207 — ℞. FECVNDITAS. Femme assise et trois enfants. GB.

208 — ℞. VENVS. Vénus debout tenant la pomme. GB.

209 — ℞. VESTA. Vesta debout sacrifiant. GB. et MB. 2 ps.

210 **Commode**. ℞. LIBERALITAS. AVG. L'empereur assis sur une estrade et quatre personnages. GB.

211 — ℞. La Providence debout. GB.

212 — Sa tête couverte de la peau du lion. ℞. HERCVLI. Carquois, arc et massue. GB.

213 — P. M. TR. P. VI. etc. L'empereur dans un quadrige. MB.

214 **Crispine.** ℞. SALVS. Hygie assise. GB.

215 — ℞. PIETAS. Figure debout. GB.

216 **Pertinax.** ℞. VOT. DECEN, etc. L'empereur debout sacrifiant. GB.

217 — ℞. LAETITIA. TEMP. Figure debout. GB.

218 **Dide Julien.** ℞. CONCORDIA MILIT. Figure debout et deux enseignes. GB.

219 — Même revers, GB.

220 **Manlia Scantilla.** ℞. JVNO. REG. Junon debout. GB.

221 **Septime Sévère.** ℞. SECVRITAS. PVBLICA. La Sécurité assise. MB.

222 **Julia Domna.** ℞. VESTA. Quatre femmes sacrifiant devant le temple de Vesta. MB.

223 **Caracalla.** ℞. Mars debout tenant d'une main une victoire, l'autre appuyée sur un bouclier. GB.

224 — ℞. P. M. TR. P. etc. Diane dans un char traîné par deux taureaux. MB.

225 — ℞. INDVLGENTIA. AVG. IN CARTH. Cybèle sur un lion. **MB.**

226 — ℞. FELICITAS. SAECVLI. Les trois empereurs assis sur une estrade devant deux figures. MB.

227 — SEVERI. AVG. PII. FIL. Instruments de sacrifice. GB.

229 **Diadumenien.** Tête radiée. ℞. PRINCIPI. JVVENTVTIS. L'empereur et deux enseignes. AR. Grand module.

230 **Julia Paula.** En argent. 2 ps.

231 **Aquilia Severa.** ℞. CONCORDIA. La Concorde sacrifiant. AR.

232 — Même revers à fleur de coin. MB.

233 **Soemias.** ℞. VENVS. CAELESTIS. Vénus assise, à ses pieds un enfant. GB. Très-beau.

234 **Maesa.** ℞. SAECVLI. FELICITAS. Femme debout. GB.

235 — ℞. PIETAS. AVG. La Piété debout. GB.

236 — Deux pièces d'argent.

237 **Sévère Alexandre.** ℞. FIDES MILITVM. Trois guerriers debout. Pièce très-belle et très-rare. AR.

238 — ℞. PIETAS. AVG. Plusieurs instruments de sacrifice. AR.

239 — ℞. P. M. TR. etc. Femme debout sacrifiant. GB.

240 — ℞. FIDES. PVBLICA. L'Espérance marchant. GB.

241 **Orbiane**. ℞. La Concorde assise. AR.

242 — ℞. Même revers. GB.

243 **Mamée**. Deux pièces d'argent et un moyen bronze.

244 **Maximin Ier**. ℞. PAX. AVGVST. Femme debout. GB. 2 ps.

245 — ℞. FIDES. MILITVM. Femme debout, tenant deux enseignes. GB.

246 **Maxime**. ℞. PIETAS AVG. Instruments de sacrifice. AR.

247 — Même revers. Cette pièce et la précédente sont à fleur de coin. AR.

248 — ℞. PRINCIPI. JVVENTVTIS. L'empereur et deux enseignes. GB.

249 **Gordien d'Afrique père**. ℞. P. M. TR., P. COS. P. P. L'empereur en toge tenant un rameau. AR.

250 **Gordien d'Afrique fils.** ℞. ROMAE AETERNAE. Rome assise. GB.

251 **Pupien**. ℞. Femme debout tenant un caducée et une corne d'abondance. AR.

252 — ℞. CONCORDIA. AVG. Femme assise. GB.

253 — Même revers. GB.

254 **Gordien III**. ℞. AETERNITATI. AVG. — LAETITIA. AVG. N. — FIDES. MILITVM. GB. 3 ps.

255 **Philippe père**. ℞. ADVENTVS. AVG. L'empereur à cheval. — P. M. TR. P. IIII. COS. II. P. P. La Fortune debout. GB. 2 ps.

256 **Otacille**. ℞. CONCORDIA. AVGG. La Concorde assise. GB. — PIETAS. AVGVSTAE. La Piété assise. MB. 2 ps.

257 **Philippe fils**. ℞. PAX. AETERNA. La Paix debout. GB.

258 **Trajan dece**. ℞. PANNONIAE. Deux figures debout. — DACIA. La Dacie debout. GB. 2 ps.

259 — ℞. VICTORIA. AVG. Victoire marchant tenant une couronne. — Médaillon de bronze très-beau.

260 **Trebonien Galle**. ℞. LIBERTAS. AVG. — **Volusien**. ℞. CONCORDIA. AVG. — GB. 2 ps.

261 **Aemilien**. ℞. APOLLO. CONSERVAT. Apollon debout. GB.

262 **Postume père et fils.** Deux têtes accolées. ℞. SALVS. AVG. Esculape debout. Quinaire d'argent.

263 **Valerien père**, ℞. VIRTVS. AVG. Guerrier debout. GB.

264 **Gallien**. ℞. RESTITVTOR. ORBIS. — VICTORIA. AVG. — AEQVITAS. 2 GB. 1 MB.

265 **Aurelien**. ℞. Severine. Petit médaillon de bronze.

266 **Romulus**. ℞. AETERNAE MEMORIAE Mausolée. MB.

267 — Pièce à peu près semblable ; la légende varie du côté de la tête. MB.

268 Tête de Rome casquée. VRBS. ROMA. ℞. Romulus et Remus allaités par la louve, et deux bergers. Petit médaillon de bronze.

269 **Constantin jeune**. ℞. VICTORIA. AVG. ET. CAESS. NN. Victoire debout et deux captifs assis. — Aureus.

270 **Constantius II**. ℞. GAVDIVM. ROMANORVM. Victoire assise écrivant sur un bouclier. Petit médaillon de bronze.

271 **Vetranio**. ℞. Victoire couronnant l'empereur. PB. avec une très-belle patine.

272 **Julien II**. ℞. SECVRITAS. REIPVB. Bœuf Apis. MB.

273 **Valentinien I**er. ℞. VRBS. ROMA. Rome assise. MB.

274 **Jovin**. Quinaire d'argent.

275 **Théodohate**. ℞. VICTORIA. AVGVST. Victoire marchant. MB.

276 **Homère**. ℞. Figure marchant devant un cheval qu'elle conduit. Médaillon contorniate.

277 **Salluste**. ℞. PLACENS PETRONI. Trois personnages debout. — Médaillon contorniate.

278 Dix pièces spintriennes avec les chiffres I. IIII. V. IIIIV. VIIII. XII. XIII. XV.

RENOU et MAULDE, imprimeurs de la Compagnie des Commissaires-Priseurs, rue de Rivoli, 144.   8837

RENOU ET MAULDE

IMPRIMEURS DE LA COMPAGNIE DES COMMISSAIRES-PRISEURS

Rue de Rivoli, 144.